This belongs to...

www.ingramcontent.com/pod-product-compliance
Lightning Source LLC
Chambersburg PA
CBHW072227170526
45158CB00002BA/780
*9781099378935*